Barbara Schafflützel • Spiegelungen

Barbara Schafflützel Meineke

Die 1946 in Butzbach geborene Autorin wuchs in der dortigen Christmühle in einer Großfamilie auf. Nach dem Abitur wurde sie Pharmazeutin. Es folgte die Gründung einer Familie mit zwei Töchtern und mehreren Lebensstationen in Deutschland. Darauf kam sie in die Schweiz nach Brissago, wo sie in einer zweiten Familie mit ihrer dritten Tochter lebte. Eine neue Lebensphase brachte sie nach Ascona und im April 2008 nach Locarno. Sie setzt sich intensiv mit ihrem jeweiligen Wohnort auseinander und gibt heute ihr Wissen durch Führungen auf den Brissago-Inseln und auf Spaziergängen im Locarnese weiter. Ihre Hobbys sind Schwimmen, Tanzen und Chorgesang. Mit fünfzig begann sie, regelmäßig Gedichte zu schreiben.

Barbara Schafflützels Großvater **Louis Christ** wurde am 26. April 1886 im hessischen Griedel bei Butzbach geboren. Er wuchs in der Christmühle auf. Am 14. August 1916 heiratete er Else, geborene Welcker, aus Frankfurt am Main. Im Ersten Weltkrieg war er als berittener Offizier auf dem Balkan. Im Zweiten Weltkrieg diente er als Offizier in Polen und im norwegischen Stavanger. Dort hat er im Tagebuch der Müllerschule Dips ... nur Gedichte geschrieben. Seine Gedichte wurden nie publiziert. Die Christmühle leitete er etwa 60 Jahre. Sein Hobby war das Sammeln von Antiquitäten.

Barbara Schafflützel

SPIEGELUNGEN

Lyrik

FRIELING

Bibliografische Information der Deutschen Nationalbibliothek
Die Deutsche Nationalbibliothek verzeichnet diese Publikation in der Deutschen Nationalbibliografie; detaillierte bibliografische Daten sind im Internet über http://dnb.d-nb.de abrufbar.

Rheinstraße 46, 12161 Berlin
Telefon: 0 30 / 76 69 99-0
www.frieling.de
ISBN (Print): 978-3-8280-3813-4
1. Auflage 2024
2. überarbeitete Auflage 2025
Bildquelle: Archiv der Autorin /iStock (marius FM77)

Inhaltsverzeichnis

Gedichte von Louis Christ

Fogli volanti

Fogli volanti di Barbara
raccontano il presente e anche il passato.
Riportano e portano alcune storie.
Osservano i problemi da tutte le prospettive
e riflettono: che altro c'è?
Vengono inviati qua e là
e nessuno si aspetta,
Che tutti annuiscano.

Fliegende Blätter

Fliegende Blätter von Barbara
Erzählen, was ist, und auch, was war.
Sie berichten und bringen mancherlei
Geschichten.
Sie schauen Probleme von allen Seiten an
und überlegen, was ist dann noch dran?
Sie werden hierhin und dahin verschickt,
und niemand erwartet,
dass jeder nickt.

Endlich weiß ich, dass es so nicht weitergeht

Endlich weiß ich, dass es so nicht weitergeht,
dass eigentlich mich keiner versteht
und jedes Wort im Wind verweht.
Was sind das für Sachen?
Ist das noch zum Lachen?
Was soll ich nur machen?

Versuchs mal mit Gedichten.
Denk nicht immer nur an Pflichten.
Empfang sie möglichst in einem Guss.
Das macht Freude und ist kein Muss.

Wie schön, könnte ich Gedichte schreiben

Wie schön, könnte ich Gedichte schreiben
und mir so die Zeit vertreiben –
die Zeit, in der ich muss sein einfach da,
und das schon Jahr um Jahr …
Die Zeit, in der ich nicht mag
waschen, kochen, putzen,
die ich möchte anders nutzen.
Die Zeit, die einfach mir gehört,
in der mich niemand stört.
Die Zeit, in der ich zuhöre dem Gedankenfluss,
der manchmal mir macht großen Verdruss.
Doch einmal richtig hingehört,
merk ich, dass er gar nicht stört.
Dass sich das Chaos verwandelt,
wenn man es nur recht behandelt.
Wie schön, könnte ich Gedichte schreiben,
ich müsste nicht ständig herumeilen.
Wie schön, könnte ich Gedichte schreiben,
ich könnte im Hier und Jetzt verweilen …

Ich denke nur noch in Gedichten

Ich denke nur noch in Gedichten.
Durch meinen Geist
fließen mancherlei Geschichten.
Ich kann dies Wunder kaum erfassen.
Ich muss es einfach geschehen lassen.

Was da ergießt sich in meine Welt,
nicht jedem es gefällt.
Doch mir hats viel zu sagen.
Ich darf nun endlich wagen –
und das mit fünfzig Jahren –,
was mir wirklich und wichtig ist zu sagen.

Ich hoffe, es kommt kein Klagen
und es schlägt niemandem auf den Magen.

… oder?

Eigentum – Goethe

Ich weiß, dass mir nichts angehört
als der Gedanke, der ungestört
aus meiner Seele will fließen.
Und jeder günstige Augenblick,
der mich ein liebendes Geschick
von Grund aus lässt genießen.

Feuerfrau!

Ciao, ciao, hier grüßt die Feuerfrau.
Nur Carnevale gibt sie ihre Schau.
Umgeben von Sonne, Palme, Grill und Granit
reißt sie viele mit.
Sie rüttelt auf und feuert an,
was viele längst schon abgetan.
Carnevale sie das Überholte verbrennt.
Darauf das Neue sie klar benennt.
Sie hofft, dass der Funke überspringt,
der wirklich neue Zeiten bringt.

Pipi vom Lago

… schaut her, wie sie fliegt,
es ist, als ob meistens sie siegt.
Auch greift sie zur Sonne,
das erfüllt uns mit Wonne.
Sie strahlt, die Zöpfe fliegen im Wind,
mit Sonne, Smiley und Herz ist sie ganz Kind.

Pipi und die Feuerfrau

… aus denen wird doch keiner schlau.

Sie tun, was sie wollen.
Sie schöpfen aus dem Vollen.
Sie tanzen und singen
und spüren den Wind,
ich glaube, sie sind ganz Kind.

Man hat mich allzu sehr auf das Gute fixiert

Man hat mich allzu sehr auf das Gute fixiert.
Dem Bösen wurde niemals nachgespürt.
Auch wurde niemals hinterfragt,
was es so sagt …
Es wurde verdrängt und angestaut.
Eine Panzerweste, mit der Aufgabe betraut,
das Böse gut und sicher einzukerkern,
auf dass an mir sich niemand muss ärgern.

Doch welch einem Spiel
bin ich da zum Opfer gefallen?
Wer kann schon „gut" mit allen?
Ich weiß ja nicht mal mehr, was mir gefällt,
nicht mal mehr das Panzerwestenleben
auf dieser Welt.

Doch Leben und Freiheit
wissen sich durchzusetzen.
So sprengt das Blümli nicht nur
den Asphalt der Straße,
Depression sprengt alle meine Illusion und
katapultiert mich in eine neue Phase.
Sie fragt nicht, ob ich will.
Sie dient dem Leben still und dunkel
und arbeitet präzis gegen alles Gemunkel.
Sie peinigt den Körper und die Seele

und weitet und sprengt die Panzerweste.
Es braucht Jahrzehnte, bis ich's erkenn,
sie will das Beste.

Es lohnt nicht, mit ihr zu kämpfen,
sie zu verfluchen.
Es ist auch schwierig, den Sinn zu suchen.
Wenn sie vollbracht ihr vollkommen Werk,
dann wird sie gehn.
Und ich darf endlich mehr verstehn.
Doch sie lässt nicht als Zwerg mich zurück,
hat mich geklärt Stück für Stück.

Manchmal schließen sich die Kreise

Manchmal schließen sich die Kreise,
wenn man verlässt die ausgefahrenen Gleise.

Manchmal schließen sich die Kreise,
wenn man beginnt, so ganz auf seine Weise
das Leben neu zu gestalten.

Manchmal schließen sich die Kreise,
wenn ich bin, was ich schon immer war,
nur jetzt mit Falten …

Mein Leben

Mein Leben ist Suchen und Finden
und immer wieder Überwinden.
Es ist Durchleben Freud und Leid.
Es ist Erfahren Einsamkeit und Zweisamkeit
und Vielsamkeit.
Es ist sich zu finden ganz gescheit.
Und allzugleich die Seele weint.
Sie fühlt den Panzer und das Kettenkleid.
Sie fühlt sich fremd.
Sie sehnt Geborgenheit herbei
und schwimmt und läuft und strampelt sich frei.
Sie wird ganz still und meditiert.
Hoffentlich hat man sie nicht verführt …
Das Paradies sehnt sie herbei,
und wenn auch das ihr ist einerlei,
vielleicht ist sie dann frei …?

Ich habe viel herumstudiert

Ich habe viel herumstudiert,
es hat mich so mancher Geist verführt.
Die Wahrheit hab ich auch berührt,
aber ich bin einfach nicht versiert –
versiert, um durch dieses Chaos zu finden.
Versiert, all die Hindernisse zu überwinden –
oder vielleicht auch zu umfahren,
versiert, zu erkennen die versteckten Gefahren,
versiert, zu deuten all das Gebaren …

Vielleicht musst du gar nicht sein versiert,
vielleicht ist's genug, bist du von innen geführt.

Sono andata in Svizzera

Sono andata in Svizzera.
L'amore mi ha catturata
Ora mi sto liberando.
Ora non posso evitare i conflitti.
Li sento.
Li guardo.
Tante cose si risolvono in fretta.
Col sorriso li lascio alla montagna, al lago e alla natura.
Non sono testarda.
Di tanto in tanto appaiono „vecchie macerie“
che mi fanno camminare sul posto….

Ich bin in die Schweiz gegangen

Ich bin in die Schweiz gegangen,
die Liebe nahm mich gefangen.
Hier bin ich dabei, mich zu befreien.
Konflikte darf ich jetzt nicht scheuen.
Ich spüre sie auf.
Ich schaue sie an.
Vieles ist schnell abgetan.
Mit Lächeln übergebe ich's Berg, See und Natur.
Ich bin nicht stur.
Dann und wann erscheint auch „altes Geröll".
Das lässt mich treten auf der Stell' …

Primavera all'Untersee

Avete già sentito?
La primavera non vuole arrivare.
Si è nascosta sulla montagna dietro la neve
e guarda timida sul lago.

Il sole splende e il vento soffia freddo
e non c'è ancora nulla di verde nel bosco.
Bisogna aspettare e accettare,
anche questo inverno deve passare!

In una bellezza ancora sconosciuta
Presto si risveglia anche quest'anno la primavera -
Svegliarsi non solo fuori nella natura,
particolarmente nel cuore – segui le sue tracce,
poi vedrai con nuovi occhi –
il costante divenire e passare.

Frühling am Untersee

Habt ihr schon vernommen?
Der Frühling will nicht kommen.
Hat sich versteckt am Berg hinterm Schnee
und schaut nur schüchtern übern See.

Die Sonne scheint, der Wind weht kalt
und nirgends frisches Grün im Wald.
Da hilft nur warten und verstehn,
auch dieser Winter muss vergehn!

In ungeahnter neuer Pracht
ist bald auch diesmal der Frühling erwacht.
Erwachen nicht nur draußen in der Natur,
besonders im Herzen – sei ihm auf der Spur.
Dann wirst du's mit neuen Augen sehn –
das ständige Werden und Vergehn.

Primavera a Brissago

Primavera, come sei arrivata da un giorno all`altro?
Sono stordita perché ti sei svegliata così in fretta.
L'aria è mite.
Nell'anima non c`è più dolore.
Per questo ti onoro primavera.
Gli uccelli cantano di nuovo la loro canzone,
mi posso sedere in giardino e godere.
Osservo come i fiori esplodono dal germoglio del pesco,
e come la bellezza delle camelie attira gli sguardi.
L'aria mite muove le fronde delle palme,
la loro musica è riservata, naturale ed elegante.
Nonostante ciò, all`orizzonte sulle cime delle montagne
vedo risplendere la neve.
Il lago va bene solo per un freddo pediluvio,
non lo si può godere ancora completamente,
prima possono spuntare tutti i messaggeri della primavera.

Frühling in Brissago

Frühling, woher bist du gekommen über Nacht?
Noch bin ich ganz benommen,
dass du so schnell erwacht.
Die Lüfte sind lind.
In der Seele ich find’ keinen Kummer mehr.
Dafür ich dich, Frühling, verehr’.
Die Vögel singen wieder ihr Lied.
Im Garten kann ich sitzen und genießen.
Ich schaue zu, wie die Blüte
die Knospe am Pfirsichbaum sprengt
und wie der Kamelien Pracht
den Blick auf sich lenkt.
Die linden Lüfte bewegen die Palmwedel,
ihre Musik ist vertraulich, natürlich und edel.
Und doch am Horizont auf Bergesspitzen
seh’ ich Schneefelder blitzen.
Noch ist der Lago nur für ein kaltes Fußbad gut,
noch lässt er sich nicht ganz genießen,
zuerst dürfen alle Frühlingsboten sprießen.

Che vita

con pochi angoli e spigoli
ma comunque difficile da
vivere con molti alti e bassi
con tanto contenuto?

La mia vita!
Chi vuole e chi può capirla?
Alla fine, solamente io!
Chi deve gestire tutto ciò?
Alla fine, solamente io!
E quelli là fuori?
Chi giudica?
Chi diagnostica?
Chi dice: ora proviamo qualcosa di nuovo.
Prego.
Il marito, le figlie, il prete, l'internista, lo psichiatra.
Lui vuol essere come il grande padre.
Fino a quando riconosce che lei si è sviluppata
Presta attenzione:
Lasciala andare lentamente dalla mano che la protegge
E chiedi: che cosa vorresti per te stessa?
Lei lo dice precisamente-senza alcun risentimento
l'onda sinusoidale, questo è il mio ritmo.
Il centro diventa quindi un dovere
Ma essere sempre al centro non è per me una necessità
E nemmeno il mio desiderio!

Was für ein Leben

Nicht so sehr mit Ecken und Kanten,
doch schwer zu verwalten.
Vielmehr mit Ups and Downs,
Mit Inhalt bestückt?

Das Meinige!
Wer will und kann das verstehen?
Letztendlich nur ich!
Wer muss mit all dem umgehen?
Letztendlich nur ich!
Und die da draußen?
Wer beurteilt?
Wer diagnostiziert?
Wer sagt: Jetzt wird wieder neu probiert?
Hereinspaziert.
Der Mann, die Tochter, der Doktor,
der Pfarrer, der Internist, der Psychiater.
Er will sein wie der große Vater.
Bis er erkennt, sie hat ihre Entwicklung gemacht.
Jetzt gib acht:
Lass sie langsam los von beschützender Hand
und frag, was würdest du für dich selber wollen?
Sie sagt's präzis, ohne jedes Grollen:
Die Sinusschwingung, das ist mein Rhythmus.
Die Mitte wird dabei ständig ein Muss,
doch ständig mittig zu sein,
für mich ists kein Muss.
Und schon gar nicht mein Wollen!

Clown Barbarissima

für ihn ist nichts, wie's immer war!

Er hat die Freiheit in sich selbst gefunden
und fühlt sich mit allem
da draußen innig verbunden.

Er hat seine Rolle im Spiel des Lebens gefunden.
Er kennt die Höhen und Tiefen der eigenen Seele.
Ist nicht mehr verbandelt mit Freud und Leid.
In allem Humor verborgen,
das zu zeigen, nimmt er sich Zeit.

In allem vermag er die Komik
des Lebens zu entdecken.
Er verwirrt euch und vermag euch zu necken.
Schließlich sein Spiel euch bringt zum
Lachen, Lachen, Lachen.
So löst er die Schwere des Lebens
in Leichtigkeit auf
und setzt immer und immer wieder
eine neue drauf.

Oh Verde

Oh Verde, come mi piaci!
Ti piaccio anch'io?
Verdi prati, verdi campi,
non mi accorgo di invecchiare,
e me ne meraviglio.
Sentire il lussureggiante prato verde a piedi nudi
può indurti a sognare.
E quando anche il ruscello di montagna lascia
sgorgare
la sua melodia,
sono sensazioni indimenticabili.

Non perder l'occasione di sognare
nell'amaca sotto gli alti abeti,
di rimanere al sicuro nel qui ed ora e
di lasciar vagare l'anima …

Barbara, Novembre 1998

Grün – wie mag ich dich

Grün – wie mag ich dich,
magst du auch mich?
Grüne Wiesen, grüne Felder,
ich staune; merke nicht, dass ich werd älter.
Barfuß den satten grünen Rasen spüren,
das kann zum Träumen verführen.
Wenn dazu sprudelt der Bergbach
seine Melodie.
Die vergess ich nie.

Unter den hohen Tannenbäumen
nicht versäumen,
in der Hängematte zu träumen –
ganz im Hier und Jetzt geborgen sein –
die Seele baumeln lassen …

Un Luogo

Un Luogo per sedersi
Un Luogo per sentirsi bene
Un Luogo per meditare e studiare
Un Luogo per osservare e
    costruire castelli in aria
Un Luogo per gustare del vino ticinese
    in compagnia o da sola
Un Luogo per accogliere l'ispirazione e
    immaginarsi la realizzazione
Un Luogo per fare discorsi liberi
Un Luogo per non sentirsi soli
    per sentire un legame profondo
Un Luogo per origliare i suoni della natura
Un Luogo per lasciarsi in dietro l' ostinazione
Un Luogo per la comodità
Un Luogo per riposarsi
    e dimenticare i doveri
Un Luogo per scrivere, dipingere e creare
Un Luogo per dimenticare le sofferenze dell'anima
Un Luogo per essere totalmente umano in famiglia,
    con amici, in coppia o anche da sola

Ein Platz

Ein Platz zum Sitzen
Ein Platz zum Genießen
Ein Platz zum Meditieren und Studieren
Ein Platz zum Schauen und Luftschlösser bauen
Ein Platz zum Trinken Tessiner Wein
        mit Freunden oder auch allein
Ein Platz zum Empfangen Inspiration
        und Ahnen auch die Umsetzung schon
Ein Platz zum ungezwungenen Gespräch
Ein Platz zum Fühlen sich niemals allein
        zum Spüren ein tiefes Verbundensein
Ein Platz zum Lauschen der Melodie der Natur
Ein Platz zum Ablegen von allem, was ist stur
Ein Platz für die Gemütlichkeit
Ein Platz zum Innehalten
        und Vergessen, alles zu verwalten
Ein Platz zum Schreiben, Malen und Gestalten
Ein Platz zum Vergessen der Seele Qualen
Ein Platz, um ganz Mensch zu sein
        in Familie, mit Freunden,
        zu zweit oder auch allein.

La casa gialla a Piodina

Lassù, sul pendio verso Piodina c'è una casa gialla.
A volte è illuminata dal Sole,
a volte è esposta alla pioggia.
Il tetto e le grondaie sono costruiti in modo tale
che la pioggia battente genera la propria musica
e qualche volta, sdraiata nel letto, mi piace ascoltare questa musica che mi fa sentire al sicuro.
Ma guai, quando mi sento davvero infelice
e la pioggia continua per giorni o settimane, e questa musica non si arresta mai;
allora porta irrequietezza, urlo e impreco, e trovo giovamento solo uscendo di casa con ombrello e stivali. Trovo fantastico mettermi in cammino.
La pioggia in Ticino è davvero fastidiosa ma solo da casa; e quando la vista,
altrimenti splendida sul Lago, è coperta dalla fitta nebbia.
Capita solo in Ticino che la pioggia persistente di colpo cessa,
il sole irrompe tra le nubi, le spazza via, liberando una vista così grandiosa che mi rende felice poter camminare scalza nel giardino,
inspirare profondamente il profumo del rosmarino, del timo e della lavanda,

per lasciar esaurire i loro effetti sull'amaca ... che divertimento!!
Ma, merda, se l'elicottero improvvisamente interrompe il momento del mio rilassamento.

Das gelbe Haus

Da steht ein gelbes Haus am Hang nach Piodina.
Mal ist es von der Sonne beschienen,
mal ist es dem Regen ausgesetzt.
Das Dach und die Dachrinnen sind so gebaut,
dass die Regenströme
eine ganz eigene Wassermusik erzeugen,
und zuweilen lausche ich dieser Musik
sehr gerne und fühle mich –
auf meinem Bett liegend – geborgen.
Aber wehe, wenn ich mich so richtig elend fühle
und der Regen mal wieder
tage- und wochenlang dauert
und sich diese Wassermusik nicht abstellen lässt.
Dann holt sie Unruhe – Schimpfen und Fluchen –
aus mir heraus, und es hilft nur noch,
mit Regenschirm und Regenschuhen
das Haus zu verlassen.
Ich finde es toll,
dass ich mich so auf den Weg mache.
Wirklich nervtötend ist Tessiner Regen
doch nur vom Haus aus betrachtet,
und wenn der sonst so prächtige Ausblick
über den Lago
sich in Nebel und Waschküche verhüllt.
Nun gehört es im Tessin dazu,
dass der Dauerregen abrupt aufhört,
die Sonne den Nebel durchbricht,

gleichsam wegfrisst und so
einen grandiosen Ausblick freigibt,
dass ich glücklich bin,
barfuß durch den Garten gehen zu können,
den Duft von Rosmarin, Thymian und Lavendel
tief aufnehmend, um deren Wirkung
in der Hängematte ausklingen zu lassen.
Genuss.
Scheiße, wenn dann schon wieder
der Hubschrauber
den Moment des Fallenlassens jäh durchbricht.

Ich bin die blaue Kette von Barbara

Und werde meistens von ihr am Hals getragen –
bei Tag und Nacht,
bei der Arbeit im Haus und Garten
und auf den langen, oft einsamen Spaziergängen.
Ich hätte nicht gedacht,
dass ich meinen Namen tatsächlich vergessen
hätte,
aber im Moment ist es halt so.

Ich habe eine Aufgabe und soll Barbara helfen,
besser aus ihrer Mitte zu leben,
ihr oftmals übersprühendes Temperament,
ihre Stärke, ihr ganz unbefangenes
und unbedachtes Wesen
und dann wieder ihre Niedergeschlagenheit,
gepaart mit Gefühlen der Minderwertigkeit
und Sinnlosigkeit und Nebel
zum lebendigen Miteinander zu bringen.

Das Netz

Wie schön, wäre das Netz da,
das Netz, das auffängt,
wenn meine Seele mal wieder
einen Absturz produziert.
Wenn Angst zu versagen alles blockiert,
wenn Angst, den Überblick zu verlieren –
und dieser tatsächlich auch verschwimmt –
sich riesengroß ausbreitet und mich ganz erfasst.
Wenn der Druck von Fliehen und Bleiben
sich nicht gegeneinander auflöst,
sondern zur unbarmherzigen
Last und Bedrohung wird.
Immer wieder habe ich an diesem Netz
in guten Zeiten geknüpft –
aber dann,
wenn der unerwartete Absturz kam
und alles in Minutenschnelle hingerafft hat,
was sicher schien,
ist das Netz nicht verfügbar –
weder innen noch außen.
Es gibt kein Ausruhen trotz größter Erschöpfung.
Es gibt keine Selbstfindung in dem, was man
liebt.
Es gibt kein Netz, keine Liebe,
keine Seele, die zu baumeln vermag.
Es gibt nur alles erdrückende Beklemmung,
unendliche seelische Not,

deren äußerer Grund sich nicht zeigt.
Es gibt nur Gefangensein,
und jedem Gedanken an Lösung und Ausweg
stellen sich unendlich viele Gegner
in den Weg.
Und doch folgt solchen
Naturkatastrophen der Seele
immer wieder neue Klarheit,
neues Licht, neues Erleben.

Über dem See

Weiße Segel im Wind,
versunkenes Spiel vom Kind,
Granit unter den nackten Füßen,
des Himmels Weite zeitlos und nah.
Du bist da.
Vor uns Zukunft,
        unangetastet,
        unbelastet.

Il Lido di Brissago – Un Miracolo

Storie da Lido...
-hanno tante cose da raccontare
Certamente confidenziali.
In ogni caso molto rafforzanti...
Ci si vede, ci si incontra, si chiacchiera
velocemente.
La donna si fa accarezzare dal vento.
Si riferisce, si espone,
Si politizza.
La donna intanto fa...
Ci si butta nel lago, si lotta,
Si nuota.
La donna si comporta sempre bene...
Si comanda, ci si dispera,
Si ruba il tempo.
La donna silenziosa e tranquilla
Indugia al Lago

Lidogeschichten …

Lidogeschichten …
wissen gar manches zu berichten.
Selbstverständlich streng vertraulich,
in jedem Falle sehr erbaulich.
Man(n) sieht sich, man trifft sich,
man plaudert geschwind.
Frau lässt sich streicheln vom Wind …
Man berichtet, man belichtet,
man polarisiert.
Frau derweil praktiziert …
Man sticht in See, man rangelt,
man schwimmt.
Frau sich immer gut benimmt …
Man herrscht, man verzweifelt,
man stiehlt die Zeit.
Frau still und beschaulich
am See verweilt …

Svegliarsi alle quattro

Svegliarsi alle 4
uscire in balcone
fare un respiro profondo
osservare il panorama
ammirare il firmamento
cercare Orione
e trovare Sirio
atterrare felice con te a Boston
cantando per addormentarti
bere del latte caldo con miele
cadere nel mio lettino
sorridere ai cuscini
fare un respiro profondo
il naso gocciola a tempo
incontrare il gatto
desidero averti vicino
ispirazione
uccello dell' anno 2016
creare
ancora e ancora
provare
montagne
magliette
calze
piume
che volano
in giro

adesso
si è ritrovato
presto sogno
di ballare sulla Piazza di Ascona
presto
mi addormento
in Les Arcs
da sola

Vier Uhr aufwachen

Vier Uhr aufwachen
Terrasse betreten
Tief durchatmen
Ausschau halten
Das Himmelszelt bestaunen
Orion suchen
Sirius finden
Happy mit dir in Boston landen
Dich in den Schlaf singen.

Heiße Milch mit Bienenhonig trinken
In mein Bettchen fallen
In die Kopfkissen lächeln
Tief durchatmen
Triefnase in Tempos fließen lassen
Tief durchatmen
Stubentiger begegnen

Dich herbeiwünschen.

Inspiration
Vogel des Jahres 2016
Kreieren
Wieder und wieder
Probieren
Berge
T-Shirts

Socken
Federn
Fliegen rum

Jetzt
Hat er sich gefunden

Flugs träume ich
Piazza Ascona zu betanzen

Flugs
Schlafe ich ein
In Les Arcs

Allein

Per Fabio

alle ore 6
un chiaro cielo stellato verso est
l’orsa maggiore verso ovest
è passata durante la notte
sopra alla mia terrazza.
Gli uccelli annunciano
l'arrivo della primavera.
Lascio il mio nido
dopo solo 3 ore di sonno
e pedalo
verso il nuovo giorno.
Lascio riposare
innocentemente
i dormiglioni
gli ubriaconi e le anime dei bambini,
sento il richiamo
della natura libera.
Chissà
che cosa
mi riserva
il mezzogiorno.

Für Fabio

Um sechs Uhr
klarer Sternenhimmel nach Osten,
der Große Wagen nach Westen
ist während der Nacht über
meine Terrasse geblitzt.
Die Vögel künden
den Frühling an.
Verlass mein Nest
nach nur drei Stunden Schlaf
und blicke
dem neuen Tag
entgegen.
Lass die Schlafmützen,
Säufer- und Kinderseelen
unschuldig ruhn,
mich zieht's raus
in die freie Natur.
Wer weiß,
was um die
Mittagszeit
für mich bereit.

Guten Morgen Fabio

ich hab dich lieb
denk an dich
morgens früh um vier uhr
freu mich
wir haben gestern abend
nach acht jahren
das erste mal getanzt
bauch an bauch
die beiden fühlen sich wohl
beim wiegen zum takt
von Sergio
bauch an bauch ist schön
bauch auf bauch aufregend
er in mir
macht mich wild
erfüllt mich
entführt mich
in das blau des himmels
unendlichkeit
und darüber hinaus
ich hab dich lieb
jeden tag neu
besonders beim aufwachen
morgens früh
um vier uhr
ich hab dich lieb
den ganzen tag

beim velofahren
schwimmen
tanzen
allein oder zu zweit
ich hab dich lieb
für alle zeit
wünsch mir nur
liebe ohne leiden
uns beiden

Donna in stand by

...non ho voglia di essere la tua donna in stand by
Altri tesori offrono ore intense a due.
Altri luoghi nuove prospettive e panorami
E nessuno mi deve obbligare.
Coccolami di ora in ora
Così fiorisco – alcuni lo noteranno,
sentire di nuovo altri lati di me stessa,
questa è la strada sulla quale mi lascio guidare…

Stand-by-Frau

Hab keine Lust, deine Stand-by-Frau zu sein.
Andere Schätze bieten intensive Zeit zu zweit.
Andere Orte neue Ansichten und Aussichten,
und niemand soll mich verpflichten …
Lass mich verwöhnen von Stund zu Stund.
So blüh ich auf – manchem tut sich's kund,
immer wieder neue Seiten
von meinem Ganzen spüren,
ist der Weg, auf den ich mich lass führen …

Selbstgespräche von Barbara

Ich mache gute Miene zum bösen Spiel,
das kostet viel zu viel – oder?
Warum mach ich denn so weiter?
Ich hab doch schon längst den Verleider – oder?
Ich mag halt die Gruppe,
ich Dubbel …?!

Arosa hinter den Kulissen – Impressionen einer Frühstücksdame

Mancher hat sich ständig im Ton vergriffen,
nein, nein, ich habe ihn nicht verpfiffen.
Jeden Tag wahrgenommen das Ganze.
Mein Gott – wo bin ich hier gelandet?
So hab ich's mir nicht vorgestellt.
Kacke und Scheiße – Scheiße und Kacke,
und immer wieder eine neue Attacke.
Nein, treffen lass ich mich nicht so schnell,
steh drüber oder steh auf der Stell,
um Luft zu holen und gezielt zu explodieren,
ständig lass ich mich nicht attackieren.

Hier wird so manchem der Schneid abgekauft,
in der Nacht bei Bier und Schnaps
sich zusammengerauft.
Am Morgen meistens man müde ist.
Die Gäste setzen dem Schnattern die Frist
und führen erbarmungslos ins Ist.

Il piccolo principe

Il piccolo principe
il piccolo principe si sente bene nel pancione.
Attendiamo tutti
che faccia le capriole nel mondo.
Questo è tutto colorato
offre a tutti la cosa migliore
guardiamo ancora la culla vuota.

Chiacchieriamo, ridiamo e balliamo tanto,
un gioco indimenticabile.
Il cerchio si ingrandisce di ora in ora,
il cielo ancora grigio e pieno di gocce di pioggia
che bussano alla finestra.

Ma con il prossimo raggio di sole,
il nostro principe è già qua.

Der kleine Prinz

Der kleine Prinz
fühlt sich noch wohl im Babybauch.
Wir warten alle drauf,
dass er purzelt aufs Erdenrund.
Dieses ist doch kunterbunt,
bietet für jeden das Allerbest',
noch schauen wir aufs leere Nest.

Wir quatschen, lachen und tanzen viel,
ein wirklich unvergesslich Spiel.
Der Kreis wird größer von Stund zu Stund,
der Himmel noch grau und Regentropfen,
die an die Fenster pochen.

Doch mit dem nächsten Sonnenstrahl
ist auch unser Prinzlein da.

La strega tocca colore

La strega tocca colore vaga per la campagna
per vedere se la riconosce ancora.

La strega tocca colore finalmente si ritrova
negli alberi, nei campi e nei temporali.

La strega tocca colore si dipinge un quadro
e non si sente più selvaggia.

Farbenhexe

Die Farbenhexe geht durchs Land
und schaut,
ob ihr noch was verwandt.

Die Farbenhexe find’t sich wieder
im Baum, im Fels und im Gewitter.

Die Farbenhexe malt ein Bild
und fühlt sich nicht mehr wild.

Pensieri su Eberhard

La natura ci mostra ogni giorno i campi e i giardini,
la germinazione, la crescita – possiamo aspettare –
La fioritura, essere in piena fioritura,
l'appassire e deperire.

Questo è il ciclo della natura alle nostre latitudini!
A volte vogliamo e dobbiamo cercare qualcosa di lontano!
Sao Paolo, Darmstadt, Johannesburg, Città del Capo,
da queste città ti sei lasciato guidare.
Sempre con il punto di vista,
andare via è buono, tornare a casa dà coraggio.
Per lavorare,
per padroneggiare la vita,
fino a quando il cerchio della vita terrena viene chiuso.
Ciò che arriva dopo è mito, è supposizione, è desiderio –
nessuno lo sa precisamente.
Ebbene nel mio silenzio,
là, dove mi immergo nel profondo del mio essere,
Lo trovo, lo immagino, so che esiste –
sento una travolgente forza.
Non c'è più né buono né cattivo,
solo luce, luce, un mare di luci.

Gedanken an Eberhard

Jeden Tag zeigen uns die Natur, die Flur, die Gärten,
das Keimen, das Wachsen – wir dürfen warten.
Das Aufblühn, In-voller-Blüte-Stehn,
das Verwelken und Vergehn.

Das ist der Kreislauf der Natur in unseren Breiten!
Manchmal wollen und müssen wir
suchen die Weiten!
São Paulo, Darmstadt, Johannesburg, Kapstadt,
von diesen Städten ließest du dich leiten.
Und immer die Einsicht, weggehen ist gut,
nach Hause kommen gibt neuen Mut.
Die Arbeit zu tun,
das Leben zu meistern,
bis er geschlossen, des irdischen Lebens Kreis.
Was danach kommt,
ist Mythos, ist Ahnung, ist Sehnsucht –
keiner so recht weiß.
Und doch, in meiner Stille, da, wo ich tief
auf den Grund meines Seins abtauche,
find ich's, ahn ich's, weiß ich's –
spür ich den Strom der Kraft.
Nicht gut, nicht böse mehr,
nur *Licht, Licht, Lichtermeer.*

Für Bettina

Das kannst du mir nicht verbieten …
Ich denk an dich.
Ich seh dich ganzheitlich.
Das freut mich und das tröstet mich.
Ich danke dir für deine Liebe.
Ich danke dir für dein Sein.

Jetzt hab ich dir eingeschenkt
klaren Wein.

Septembertag

Dein Geburtstag ist ein Septembertag.
So einer, wie ich ihn ganz besonders mag.
Des Sommers bin ich längst nicht müde
und spür noch Spätsommertriebe,
trotz oder gerade wegen Altweibersommer.

Erntezeit, es ist so weit!
Äpfel, Birnen, Pflaumen, Trauben,
jetzt dürfen wir uns noch manches erlauben.
Drachen steigen lassen und bauen,
wandern am Fluss und durch die Auen.
Den Erntekranz binden, Erntedank feiern
und tanzen mit neuen Freiern.

Il sole splende nel cielo

Il sole splende nel cielo,
il lago riflette giochi di luce.
Che bel mondo!
Sono estasiata.

Ora, sempre ora dobbiamo godercela con stupore.
Domani la pioggia potrà rovinare le giornate,
domani potrà cadere un velo,
che apparentemente ci divide da tutto.

Qui e ora nei miti raggi di sole autunnali,
posso aprirmi e essere uno con il tutto.
Un tutt'uno con il sole, l'acqua, la montagna e il vento
Un tutt'uno con l'ieri, l'oggi e il domani
Essere innocente – senza tempo – totalmente bambina.

Sonne strahlt vom Himmelszelt

Sonne strahlt vom Himmelszelt,
Lago spiegelt Lichterglanz zurück.
Welch herrliche Welt!
Ich bin verzückt.

Jetzt, immer jetzt heißt es staunend genießen.
Morgen schon kann Tessiner Regen die Tage
vermiesen,
morgen schon kann der Schleier fallen,
der uns scheinbar trennt von allen.

Hier und jetzt
in des Herbstes mildem Sonnenschein
mag ich mich öffnen und eins mit allem sein.
Eins mit Sonne, Wasser, Berg und Wind.
Eins mit Gestern, Heut und Morgen.
Unschuldig sein – zeitlos – ganz Kind.

Reden ist Silber

Schweigen ist Gold.
Vieles, was gesagt, hab ich so nicht gewollt.
Vielem, was mir begegnet, hab ich heftig gegrollt.
Und mit Schmerzen an Körper und Seele gezollt.

Ich erkenn es genau,
immer noch bin ich nicht schlau.
Immer noch bin ich Gefangene uralter Muster.
Nicht mehr blind, denn ich erkenne sie klar.
In inneren Bildern zeigt sich, wie es immer war.
Und schon ist das Neue und Bessre da.

Doch die Brücke zu dir vermag ich scheinbar nicht
zu schlagen.
Das bereitet mit großes Unbehagen.
Statt auf Verstehen stoß ich auf
Verteidigungs- und Angriffsstrategie.
So wollt' ich es nie!
Statt Fakten anzuhören, machst du Vorwürfe draus
und teilst mit Drohparolen aus!

Herrschaft, kann dies denn niemals enden
und sich das Blatt zum Neuen wenden!
Wie schön wäre es, wenn wir Schritt für Schritt
fänden den neuen, gemeinsamen Tritt …

Pitsch, patsch, patsch

Pitsch, patsch, ist das ein Ferienwetter!
Der Regen fällt, es wird nicht netter.

Die ganze Welt ist eine Pfütze!
Und Tropfen an der Nasenspitze!

Wär ich ein Frosch, dann fänd ich's fein!
Doch mag ich lieber Sonnenschein!

Tempesta di Brighton

Nella tempesta di Brighton è volata via tutta la rabbia
e tutto ciò con cui ho mentito a me stessa.

La tempesta di Brighton ha ripulito mente e spirito
da tutto ciò che mi ha tormentata.
Nella Tempesta di Brighton ho ritrovato me stessa,
e non sono più stordita.

Sturm von Brighton

Im Sturm von Brighton ist alle Wut verflogen
und alles, womit ich mich sonst noch belogen.

Der Sturm von Brighton hat Mind und Seele
gereinigt
von allem, was mich hat jemals gepeinigt.

Im Sturm von Brighton bin ich ganz zu mir selbst
gekommen
und nicht mehr benommen.

Leer

Il vento porta via dispiacere, rabbia e dolore
attorno al cuore –
con sé sul mare.
Mi sento libera e vuota
arrivata nel Leer della Frisia orientale.

Ampiezza, silenzio, stupore e molto altro
lasciano crollare Cervini nella testa
e accendono il fuoco della vita.

Ritiro, pace e gratitudine
permettono momenti rilassanti.
molto lontani dal litigio.

Incontro, amicizia, compagnia

Essere sola

Leer

Der Wind nimmt Kummer, Wut und Schmerz –
rund ums Herz –
mit über die See.
Ich fühl mich frei und leer,
angekommen im ostfriesischen Leer.

Weite, Stille, Staunen und Vieles mehr
lässt Matterhorn im Kopf zusammenkrachen
und das Feuer des Lebens neu entfachen.

Einkehr, Friede und Dankbarkeit
sorgen für erholsame Zeit –
weit weg vom Streit.

Begegnung, Freundschaft, Gemeinsamkeit,

Allein(s)sein.

Una nuova fase di vita

Una nuova fase di vita viene sigillata
Con un anello d'oro e rubino stellato
Ci siamo incontrati spontaneamente
D'ora in poi è tutto possibile

La mia vita è a un nuovo livello
e segue le chiamate dell'infinito
Lancia lascia andare per creare qualcosa di nuovo
Solo così posso abbandonare le tracce abitudinarie
e non perdermi più niente.
Toccare altri aspetti del mio essere
E sentirmi sempre ancora in nuovi modi
Accendere il fuoco della vita
Il mio sorriso si mostra come amore puro.

Neuer Lebensabschnitt wird besiegelt

Neuer Lebensabschnitt wird besiegelt
Mit goldenem Ring und Sternrubin.
Spontan sind wir aufeinandergetroffen.
Ab jetzt ist alles offen.

Mein Leben vollzieht sich auf neuer Stufe
Und folgt dem ewig neuen Rufe.
Wirf ab, lass los, um neu zu erfassen.
Nur so kann ich ausgetretene Spuren verlassen
Und nichts verpassen.
Andere Seiten von meinem Ganzen berühren
Und immer wieder neu mich spüren.
Das Feuer des Lebens neu entfachen.
Als reine Liebe erscheint mein ahnendes
Lachen …

Come una forte quercia tedesca

Sono come una forte quercia tedesca
che sa vivere consapevolmente
in sintonia con tutti gli elementi.

La tempesta della vita ha spezzato alcuni rami,
ma il potere della radice si è fatto via via così forte
e brilla in una corona così ricca di foglie,

che ora offro protezione e rifugio
e la mia essenza porta guarigione.

Eine starke deutsche Eiche

Ich bin wie eine starke deutsche Eiche,
die im Einklang mit allen Elementen
bewusst zu leben versteht.

Der Lebenssturm hat so manchen Ast geknickt,
aber die Wurzelkraft ist immer stärker geworden
und strahlt in eine reich belaubte Krone aus.

So biete ich Schutz und Zuflucht
und meine Essenz bringt Heilung.

In fondo, non può essere stato tutto

C’era verità, c’era chiarezza
O era solo una finzione?
C’erano difficoltà, c’era avidità
O andava tutto bene?
Si andava in salita, si andava in discesa
O mi si faceva uno sgambetto?
Si andava avanti, si andava indietro
O si entrava dal cancello?
In fondo, non può essere stato tutto.
Le mie tempeste, i miei lamenti,
Nonostante il sole.
Le mie domande, la mia disperazione,
L’incessante pioggia – no!

Das kann doch nicht alles gewesen sein

War es Wahrheit, war es Klarheit,
Oder war es nur Schein?
War es schwierig, war es gierig,
Oder war es gar fein?
Gings bergauf, gings bergab,
Oder stellt man mir ein Bein?
Gings vorwärts, gings rückwärts,
Oder gings ins Tor hinein?
Das kann doch nicht alles gewesen sein.
Mein Stürmen, mein Klagen,
Trotz Sonnenschein.
Mein Fragen, mein Verzagen,
Die Dauerregen – nein!

Depression – nichts als ein Wort

Depression – nichts als ein Wort,
doch was verbind' ich mit dir immerfort?
Seit du mich hast heimgesucht,
hab' ich dich schon vieltausendmal verflucht,
hab' ich versucht, dir was Gutes abzugewinnen.
Ich kann dir nicht entfliehen.
Annehmen tut sehr weh.
Du hältst mich fest in deinen Banden,
hoffentlich werde ich nicht zuschanden.
Du hast mir alle Kraft geraubt,
die ich so nötig zum Neubeginn brauch'.
Und schlimmer noch,
jetzt, wo's doch viel besser geht
und mancher Seelenwüstenqualensturm verweht
ist, fühle ich nicht Glauben,
nicht Hoffnung, nicht Liebe.
Und doch fühle ich Lebenskraft
und unbestimmte Lust
auf neues Tun.
So ausgelaugt wie früher
kann ich nicht mehr ruhen.

Manchmal ist man so down

Manchmal ist man so down,
dass sogar das Entscheiden schwerfällt.
Leben ist nun mal auch Entscheiden –
eine unaufhörliche Kette von Entscheidungen
beziehungsweise Wahlen.
Unaufhörlich darf ich wählen
und mich dann überraschen lassen.
Unaufhörlich muss ich wählen,
um zu schauen, was dann auf mich zukommt.
Unaufhörlich entscheiden, entscheiden,
entschieden sein.

I tempi sono volati...

I tempi sono volati...
abbiamo mentito a noi stessi.
Abbiamo girato e rigirato la realtà
fino quando apparentemente tutto è finito bene.

I tempi sono volati.
Perché abbiamo mentito a noi stessi?
La verità era insopportabile,
il proprio agire così deplorevole?

I tempi sono volati
Tra tutto era proprio intenso!
Camminare trasformati
e non pentirsi mai più...

Die Zeiten sind verflogen …

Die Zeiten sind verflogen.
Wir haben uns auch belogen.
Die Wirklichkeit gedreht und gewendet,
bis scheinbar alles gut geendet.

Die Zeiten sind verflogen.
Warum haben wir uns belogen?
War die Wahrheit unerträglich,
das eigene Handeln gar so kläglich?

Die Zeiten sind verflogen.
Bei allem – intensiv war's doch!
Verwandelt weiterschreiten
und nie mehr so mitleiden …

Licht, Licht, Licht

Wer auf dem Weg zum Licht
die Dunkelheit scheut,
dem fehlt die rechte Sicht.

Wer auf dem Weg zum Licht
sich selbst forciert,
das Licht niemals gebiert.

Wer auf dem Weg zum Licht
die ureigenste Wahrheit,
den ureigensten Rhythmus findet,
sich so ans *große Ganze*
neu anbindet.

Der Lastenesel hält nicht mehr still

Der Lastenesel hält nicht mehr still.
Der Esel tanzen will.
Die Lasten werden umverteilt.
Der Esel bei den Schafen weilt.
Die Freuden ganz neu einverleibt
und ursprünglich empfunden.
Die Leiden wieder und wieder entbunden …

So kommen wir besser
über die Runden.

Con il suono

Essere in armonia con il suono,
mi protegge dalle apparenze.
Il suono si crea e cresce,
il corpo lo accoglie
e ci si siede sopra.

Suono prendimi per mano
e guidami nel tuo paese delle meraviglie.
Rendi chiaro il segreto
così si vive più facilmente sulla terra.
Immergimi nella saggezza della terra
e regalami le ali per la libertà

Mit dem Klang

Mit dem Klang im Einklang sein,
bewahrt mich vor so manchem Schein.
Klang entsteht und wächst,
Körper nimmt ihn auf
und setzt sich selber obendrauf.

Klang, nimm du mich an die Hand
und führ mich in dein Wunderland.
Lass aus Geheimnis Klarheit werden,
so lebt sich's leichter hier auf Erden.
Tauch mich hinein in Erdens Weisheit
und schenk mir Flügel für die Freiheit.

Entfremdung

Ich bin die Initiantin der Gruppe!
Wer kocht denn da die Suppe?
Ich bin die Initiantin der Gruppe!
Aber doch bitte keine Puppe.

Ich bin die Initiantin der Gruppe!
Wer hat da gekocht die Suppe?
Sie kotzt mich an.
Ich kotz sie raus
und mach dem bösen Geist
den Garaus …

Veränderung

Ich habe eine Veränderung vollbracht;
und hatte die ganze Zeit das Gefühl,
vom Schicksal geschoben und getragen zu sein.
Dort wurde ich verstoßen – hier erwartet.
Ein unendlicher Druck löste sich
in Befreiung und Geborgenheit
und Staunen
und Neubeginn
und Hoffnung
und, und, und.

Due volte ho creduto di riconoscermi in noi

Due volte ho creduto di riconoscermi in noi
e troppo presto mi sono sentita sola.
Accanto a te, da soli in due,
mi fa soffrire immensamente.
È ora che me ne vada!

Ora ho riconosciuto me stessa.
La bella immagine è rotta.
È stato posto il fondamento
da cui nasce il vero rinnovamento
che matura e cresce

Oh che festa…!

Zweimal glaubte ich, im Wir angekommen zu sein

Zweimal glaubte ich,
im Wir angekommen zu sein.
Und allzu bald fühlte ich mich wieder allein.
Neben dir zu zweit allein,
tut unendlich weh.
Es ist Zeit, dass ich geh.

Jetzt bin ich bei mir angekommen,
ist alle Sehnsucht gestillt,
ist zerbrochen das schöne Bild.
Ist das Fundament gelegt,
auf dem was wirklich Neues entsteht.
Und reift und wächst.

O welch ein Fest!

Poesia del piccolo orso

C’era una volta un piccolo orso
Era rimasto senza genitori.
È seduto al mare.
Il suo cuore è pesante.
Arrivò una balena.
Poi brillò un raggio di sole.
Conducevano in una valle.
E raggiunse uno zoo.
Li vide i suoi genitori,
era nuovamente felice.

Gedicht vom kleinen Bär

Es war einmal ein kleiner Bär.
Er hatte keine Eltern mehr.
Er sitzt am Meer.
Sein Herz ist schwer.
Da kam ein Wal.
Dann schien ein Sonnenstrahl.
Sie fuhren in ein Tal.
Dann kam er in einen Zoo.
Er sah seine Eltern.
Da war er wieder froh.

Natalie Schafflützel
Stein am Rhein 1995

Insieme

Facemmo un tratto di strada insieme.
Ogni parola ebbe risonanza.
Ogni gesto comprensione.
Ma il tempo ha spazzato via molte cose…
Ci ha fatto percorrere sentieri solitari.

Gemeinsamkeit

Wir gingen ein Stück gemeinsam.
Jedes Wort fand Widerhall.
Jede Geste Verstehen.

Doch die Zeit
ließ so manches verwehen.
Ließ uns einsame
Wege gehen …

Ich freu' mich

Ich freu' mich,
hab' ich das Alleinsein wiederentdeckt.
Und dass mich Vielsamkeit nicht mehr erschreckt,
sondern vielschichtig erweckt.
Dass Spiegel, du, mich schmunzeln lässt,
ich lach' dir zu, das ist das Best'.
Das öffnet Herz und Hand,
und die beiden laden ein klaren Verstand.

So kann ich handelnd im Leben stehen
und seinem Wandel mit Gelassenheit zusehen.
So kann ich still mich öffnen und weiten
und erwarten liebevolle Zeiten …

Lange hab' ich zu Vieles eng interpretiert

Lange hab' ich zu Vieles eng interpretiert
und immer und ewig mich selbst sabotiert.
Meditation, Esoterik, mancher Kurs mussten her,
das alles zu verstehen, war doch viel zu schwer.
Dank dieser Einsicht –
ich lass' sie los.
Im Hier und Jetzt – wach und bewusst.
Ist doch fast alles famos!
Oder?

Trotz manchem Versagen

Trotz manchem Versagen
hab' ich Vieles hindurchgetragen.
Trotz manchem Versagen
bleib' ich nicht stecken im Verzagen.
Trotz manchem Versagen
brauch' ich mich nicht nur anzuklagen.
Trotz manchem Versagen
liegt längst nicht alles im Argen.
Trotz manchem Versagen
such' ich weiter die Kraft, die mich trägt
und nicht vor Verzweiflung alles zerschlägt.
Such' ich die Quelle, die glasklar sprudelt
und nicht stetig so vieles neu besudelt.
Such' ich die Klarheit am Horizont,
auf die zuzugehen sich lohnt.

Was nicht im Reiseführer steht

Der Sonnenaufgang am Morgen
Das Spiel des Lichtes am Nachmittag
Das Streicheln des Bergwindes am Abend
Die Farben der Häuser an der Piazza
Die Stunden, die wir gemeinsam verweilen

Die Rotoren des Hubschraubers zur Apéro-Time
Das kalte, klare Wasser des Lago
Die südlichen Düfte der linden Lüfte
Die Musik des Tessiner Regens
Die Geborgenheit, die du mir gibst

Due che si amano

Due che si amano
non vogliono rimandare nulla.
Si vogliono incontrare ora
alla stazione, a casa.
All'aeroporto salutano, osservano
le persone di cui si possono fidare.
FIDUCIA

Zwei, die sich lieben

Zwei, die sich lieben,
wollen nichts verschieben.
Sie wollen sich jetzt
begegnen am Bahnhof, zu Hause,
am Flughafen sie winken,
sie schauen, wem können sie trauen.
Vertrauen.

Due che si odiano

Non possono evitare
di reincontrarsi continuamente.
A volte qui,
a volte lì.
In molti luoghi.

Zwei, die sich hassen

Können es nicht lassen,
sich ständig wieder zu begegnen.
Mal hier,
mal dort.
An vielen Orten.

Le storie „ti ricordi…“

...sanno raccontare molto.
A volte sono serie, a volte allegre.
Trasmettono sempre un pezzo di vita vissuta.

A volte denunciano,
a volte tocca anche a lui.
A volte decorano
a volte scacciano il cattivo.
A volte vedono tutto rosa e fiori.
E riportano una pienezza inimmaginabile.
E viceversa vedono tutto nero.
E allora sembra essere stato tutto inutile.
A volte mettono quella persona su un piedistallo,
e un altro lo lasciano nel trambusto.
Ma una cosa è chiara come il sole:
Le storie „ti ricordi...“
Raccontano che cosa è stato…!?

Weißt-du-noch-Geschichten

Wissen über vieles zu berichten.
Mal sind sie ernst, mal eher heiter,
immer geben sie ein Stück
erlebtes Leben weiter.

Mal klagen sie an,
mal kommt auch der noch dran.
Mal schmücken sie aus,
mal machen sie
so manchem Bösewicht den Garaus.

Mal sehen sie alles durch die rosa Brille
und berichten von ungeahnter Fülle.
Und handkehrum sehen sie alles schwarz.
Dann scheints, als ob alles war für die Katz.
Mal heben sie den einen in den Himmel,
den andern lassen sie stehen im Getümmel.
Doch eins ist sonnenklar:
Weißt-du-noch-Geschichten
erzählen, was war …?!

Improvvisamente è scomparsa

Improvvisamente è scomparsa
la voglia di vivere,
la curiosità l'ambizione.
Non riesco più ad uscire
dalla mia casa.
Mi copro fin sopra la testa
mi sento un povero cristo.

No, qui sto con ME STESSA.
Questa è la mia tana,
il mio ritiro.
Sento il mio respiro,
solo qui mi sento protetta
in tempi frenetici.

Lo so, presto finisce il letargo.
Mi lascio toccare da sole e luce,
per realizzare la mia vita a un livello superiore.

Plötzlich ist sie verschwunden

Plötzlich ist sie verschwunden,
die Lust aufs Leben,
die Neugierde, das Streben.
Mag nicht mehr raus
aus dem Haus.
Ziehe die Decke über den Kopf,
fühle mich als armer Tropf.

Nein, hier bin ich bei *mir.*
Hier ist meine Höhle,
mein Rückzug.
Spüre meinen Atem,
fühle nur hier noch Geborgenheit
in hektischer Zeit.

Weiß, bald ist vorbei der Winterschlaf.
Lass' mich von Sonne und Licht berühren,
um mein Leben auf höherer Stufe zu vollführen.

Mi sono messa sotto pressione

Adesso sono di corsa.
Mi sono lasciata mettere sotto pressione.
Quindi ho abbandonato me stessa.
Posso riscoprire me stessa
Ee riconnettermi all'interno e all' esterno.

Ich habe mich unter Druck gesetzt

Nun bin ich gehetzt.
Ich habe mich unter Druck setzen lassen.
Dabei hab ich mich selbst verlassen.
Ich darf mich ganz neu finden
und Innen und Außen erneut verbinden …

Rabbia!

Che cosa mi ha fatto incavolare così?
Che cosa mi ha fatto arrabbiare così
profondamente?
Ci ho pensato giorno e notte
E non ho trovato nessuna risposta.

La testa è confusa, il corpo debole.
Vorrei scappare ma dovrei rimanere.
Tutto questo è davvero modesto...
... preferisco andare a pascolare le pecore…

Wut!

Was hat mich so auf die Palme gebracht?
Was so abgrundtief wütend gemacht?
Ich habe gegrübelt Tag und Nacht
und keine Antwort zustande gebracht.

Der Kopf ist verwirrt, der Körper schlapp.
Ich möchte fliehen und sollte doch bleiben.
Das alles ist doch gar bescheiden …
Da geh' ich lieber Schäfchen weiden.

Non andare con te stessa in tribunale

Non andare con te stessa in tribunale,
quando dentro si rompe la cosa più bella e più preziosa.
Questo vuole mostrarti una nuova prospettiva
sul mondo e sulle cose là fuori;
per rinnovarti dentro e fuori.

Stai tranquillo oppure urla!
Fai la vittima o il colpevole!
Ma ti prego, per favore non tradire te stesso!

Stai tranquillo, molto tranquillo attraversa la tua quiete.
Immergiti nella VOLONTÀ SUPREMA
Immergiti nell'ESSERE SUPREMO

Geh nicht mit dir ins Gericht

Geh nicht mit dir ins Gericht,
wenn im Innen das Schönste und Edelste
zerbricht.
Es will dir zeigen eine neue Sicht
auf die Welt und die Dinge da draußen;
und erneuern dein Innen und Außen.

Sei still oder schrei auf!
Sei Opfer oder Täter!
Aber bitte, bitte nicht dein eigener Verräter!

Sei still, ganz still – durchschreite deine Stille,
tauch hinein in den *großen Willen,*
tauch hinein in das große Sein.

Che giornata d'inverno

Piena di nebbia, pioggia e neve.
Il sole splende – io corro al lago.

Il Ghiridone avvolto in un cappotto invernale.
Adesso è un momento molto speciale!

Il Lago è pacifico nel suo letto,
le persone profondamente gentili.

Ognuno gode alla sua maniera.
„Che bello“, lo sento quasi come un sospiro.

Inizialmente stride il verso del gabbiano,
il cielo totalmente blu e libero dalle nuvole.

E da lontano l'organetto di Dario – la Paloma.

Was für ein Wintertag

Noch Waschküchenstimmung,
Regen und Schnee,
die Sonne strahlt – ich eile zum See.

Ghiridone umhüllt vom Winterkleid.
Jetzt ist die ganz besondere Zeit!

Lago liegt friedlich in seinem Bett,
die Menschen verinnerlicht, nett.

Jeder genießt auf seine Weise.
„Ist das schön“, so hör ich's als Seufzer fast.

Ursprünglich-schrill der Möwen Schrei,
der Himmel tiefblau, von Wolken frei.

Und von fern Darios Örgelimusik – „La Paloma“.

Felice può dirsi

Felice può dirsi
chi possiede un'amica
del cuore e dell'anima.
Che nella sua vicinanza
riconosce meglio sé e gli altri.
Il cui cuore arde d'amicizia e d'amore,
ma mai brucia.
Chi sente calore,
nel gelo della notte.
Chi vive gioia,
anche se sopraffatto dal dolore.
Chi si dedica alla speranza,
Che Fede e Amore vinceranno per sempre.

Che possa cogliere nuovamente la vita,
abbandonare convenzioni e pensieri rigidi.
Vedere il quotidiano con nuovi colori
e stare ben radicato alla terra.

Per costui la terra ha un viso nuovo,
poiché intravede ovunque la luce celeste.
Si fa percorrere da questa forza
Che porta quiete, pace e serenità.

Glücklich zu preisen …

Glücklich zu preisen,
Wer eine Freundin des Herzens
Und der Seele sein Eigen nennt.
Wer sich selbst und die andern
In ihrer Nähe besser erkennt.
Wessen Herz in Freundschaft
Und Liebe erglüht,
Doch niemals verbrennt.
Wer Wärme empfindet,
Trotz eisiger Nacht.
Wer Freude erlebt,
Wo Kummer ihn fast umgebracht.
Wer sich der Hoffnung hingibt,
Dass Glaube und Liebe für immer siegen.

Er möge das Leben neu ergreifen,
Konventionen und enge Gedanken abstreifen.
Farbiger den Alltag sehen
Und gefestigt auf der Erde stehen.

Für ihn bekommt die Erde ein neues Gesicht,
Denn er erspäht überall das Himmelslicht.
Lässt sich durchströmen von dieser Kraft,
Die Ruhe, Friede und Gelassenheit schafft.

Frankenthal, 1985

Gedichte von Louis Christ

(entstanden in Norwegen)

Bescheidenes Glück

Man braucht ja nicht viel, um glücklich zu sein.
Es ist ja so leicht, sich kindlich zu freun.
Ich geh durch den Garten am frühen Tag,
die Amsel singt durch Flur und Hag.
Rings stehn die Blümchen in bunter Pracht,
sie grüßen den Morgen vom Schlummer erwacht.
Der Tau schillert wie Silber im Purpurkleid,
so frisch ist die Erde – das Herz so weit.
Und dort steht ein Veilchen verborgen, versteckt,
ein Goldkäferchen hat es vom Träumen erweckt.
Mich grüßen zwei Augen, so blau wie die See,
ein lachender Mund spricht von Liebe und Weh.

Sternennacht

Und draußen schimmert die Sternennacht,
im Vollmond glitzert des Raureifs Pracht.
Und drinnen, da ist ein Lied erklungen,
die Mutter hat es einst an der Wiege gesungen.
Mit hellen Augen und frohem Gesicht
im schillernden, klaren Kerzenlicht.

Kleine blaue Meise

Kleine blaue Meise
hüpft von Ast zu Ast.
Kleine blaue Meise,
hart ist Winterlast.

Schau, vor meinem Fenster
findest du dein Brot,
komm zu mir herüber,
stille deine Not.

Brauchst dich nicht zu fürchten,
komm nur treu zu mir.
Treue gegen Treue,
alles geb ich dir.

Größtes Glück auf Erden,
himmlisch, göttlich schön,
ist ein fröhlich Geben,
frohe Augen sehen.

Es kam der Abend,
die eiskalte Nacht.
Blaumeischen ist
nicht mehr erwacht.

Es fiel ein Reif in die Frühlingsnacht

Es fiel ein Reif in die Frühlingsnacht,
dahin schwand all die Blumenpracht,
und öde liegen die Fluren.
Von Norden kam der Wettersturm,
der Schiefer kracht am Kirchenturm,
und ängstlich wimmern die Glocken.
Was gestern noch Glück und Sonnenschein,
noch Lachen und eitel Fröhlichsein,
heut Trübsal und Verderben.
Ein Glück, es brach in Scherben.

Sehnsucht

Deutsche Zeitung in Norwegen
30. August 1940/Nr. 89

Nordischer Tag, ewiger Tag
nie ermüdet dein Antlitz,
nie findest du Schlaf.
Wenn schon die Möwe zurückflog
zur Rast und Ruh,
deine Schwingen schweben,
immer bist du!
Heim kehrt der Fischer mit reicher Beute,
und der Segler legt ab das Geschmeide.
Weit aus dem Tal rufen Glocken dir zu,
immer noch – ewiger Tag – bist du.
Und mein Auge schweift weit übern Strand,
sucht fern, ganz fern – im Süden –
mein Heimatland.

Wanderer

Willst du des Schöpfers Allmacht fern ergründen,
und sollen Millionen Jahr dein' Geist
durchwühlen, dann raste, Wanderer, zwischen
Gletscherschlünden, und schau hinauf ins Grau
der Bergmassiven.
Still und andachtsvoll wirst du die Hände falten
und lauschen dem Choral der Halten,
hernieder schwebt, empor dich hebt
mit himmlischen Gewalten.

Der Sonne entgegen

Zum Gedenken an den Ritterkreuzträger
Hans Karl Sattler

Der Sonne entgegen
im goldenen Morgen,
mit strahlenden Augen,
viel Glück ohne Sorgen.
Zum blauenden Äther
an heiteren Tagen
haben die Götter dich hoffend getragen,
auf Flügeln des Ruhms.
Ein Vorbild den Deinen,
wirst du uns allen im Licht erscheinen.
Mit der sinkenden Sonne
im Abendrot
zum ewigen Leben nach Gottes Gebot
bist du den Deinen vorausgegangen
und wirst sie einst liebend
in Liebe empfangen.

Die Glocken der Silvesternacht

Die Glocken läuten von Turm zu Turm!
Wach auf, Kamerad, das deutet Sturm!
Noch einmal gilt es, den Feind zu schlagen.
Fass an, wir müssen die Fahnen tragen,
die unsere Väter in Würde begraben,
als sie erdolcht am Wege zerbrachen.
Holt sie, die stolzen Banner, hervor
aus heiß umstrittener Erde,
reißt sie heraus,
und drauf auf die schäumenden Pferde.
Fasst die Zügel an.
Richtung Mann für Mann.
Der letzte Kuss der treuen Braut,
und kühn dem Tod in die Augen geschaut.
Heil! Und der Sieg muss unser werden.

Im Garten

Ein Bächlein murmelt zum Abend hinein,
Kastanien kosen der Sterne Schein.
Sonst still, ganz still, es ist Spätherbstnacht,
im Westen stehen Soldaten auf Wacht.
Da schleicht durch das Tor ganz leise, ganz sacht
ein Schatten?
Doch nein, ein Engel, und lacht
und reicht mir die Hand im weiten Raum,
und über uns träumt der Kastanienbaum.

Einladung

Ich lade sie ein zu einem Glas Wein
bei mir um halb neun,
und bitte zu zwei'n.
Es gibt kein Verlangen,
die Narren zu fangen,
die laut sich ergötzen
in Lumpen und Fetzen.
Auf rauhem Parkett,
in mulmigen Ecken,
nach kreischenden Weisen
im Tango sie kreisen.
Bis schwül und verworren
sie schlafen und schnorren
an schmierigen Tischen,
die Ärmel verwischen.
So bitt ich erneut,
seid nett und gescheit!
Es steht auch bereit
ein Tässchen mit Mocca,
ein Döschen mit Zucker,
ein Körbchen mit Kuchen,
die all zum Versuchen.

Christmühle

Danksagung

Mein besonderer Dank gilt:

Dr. Eva-Tabea Meineke
D Wiesbaden

Marisa Meneghin
CH 6675 Cevio Maggiatal

Natalie Schafflützel
CH 6614 Brissago

Valeria Amy Rossi
CH 6600 Locarno

... für die Übersetzung der Gedichte

Mariachiara Cotti
CH 6600 Locarno

... für Lektorat und Korrektorat der italienischen Gedichte